(((((ECO)))))

Curso Modular de Español Lengua Extranjera

Cuaderno de Refuerzo

A1

Alfredo González Hermoso
Carlos Romero Dueñas

edelsa

GRUPO DIDASCALIA, S.A.

Primera edición: 2003
Impreso en España / *Printed in Spain*

©**Edelsa Grupo Didascalia, S.A.**, Madrid, 2003
Autores: Alfredo González Hermoso y Carlos Romero Dueñas.

Dirección y coordinación editorial: Departamento de Edición de Edelsa.
Diseño de cubierta: Departamento de Imagen de Edelsa.
Diseño y maquetación de interior: El Ojo del Huracán, S.L.

Imprenta: Lavel

ISBN: 84-7711-882-5
Depósito Legal: M-32.928-2003

Fuentes, créditos y agradecimientos:

Ilustraciones:
Nacho de Marcos

Notas:
- La editorial Edelsa ha solicitado los permisos de reproducción correspondientes y agradece a todas aquellas
  instituciones que han prestado su colaboración.

Índice

1 Presentarse

Pronunciación y ortografía	• Abecedario y deletrear.
	• Signos de interrogación y exclamación.
Comprensión y expresión	• Recursos para manejarse en clase.
	• Saludos y despedidas.
	• Conocer a alguien.
Léxico	• Nombres de países y nacionalidades.
Gramática	• Pronombres personales.
	• Presente de verbos más usuales.
	• Usos básicos de *SER* y *ESTAR*.

1a. Observa.

A, a	a	J, j	jota	R, r	erre, ere
B, b	be	K, k	ka	S, s	ese
C, c	ce	L, l	ele	T, t	te
Ch, ch	che	Ll, ll	elle	U, u	u
D, d	de	M, m	eme	V, v	uve
E, e	e	N, n	ene	W, w	uve doble
F, f	efe	N, ñ	eñe	X, x	equis
G, g	ge	O, o	o	Y, y	i griega
H, h	hache	P, p	pe	Z, z	zeta
I, i	i	Q, q	cu		

1b. Escribe los nombres de personas deletreados.

a. ge, e, eme, a   *Gema* ....

b. ce, ele, a, ere, a   ....

c. ce, e, ele, i, a   ....

d. eme, i, ge, u, e, ele   ....

e. jota, u, a, ene   ....

f. che, e, ele, o   ....

1c. Lee, subraya y deletrea los nombres y los apellidos.

Penélope: pe - e - ene - e - ele - o - pe - e

NUEVA PELÍCULA DE LA ACTRIZ PENÉLOPE CRUZ

RIGOBERTA MENCHÚ VISITA NUESTRO PAÍS

EXPOSICIÓN DE SALVADOR DALÍ EN BARCELONA

ENTREVISTA A GABRIEL GARCÍA MÁRQUEZ

2a. Observa.

¿? *Los signos de interrogación se ponen al principio y al final de las frases interrogativas: ¿Cómo estás?*

¡! *Los signos de exclamación se ponen al principio y al final de las frases exclamativas: ¡Hola, Juan!*

2b. Pon signos de interrogación o de exclamación en las frases siguientes.

1. ¿Qué tal?

2. Cómo te llamas

3. Hola, Marta

4. Y tú

5. De dónde eres

6. Hasta luego

7. Muy bien

8. "Tomás" es nombre o apellido

Recursos para la clase. Saludos y despedidas. Conocer a alguien

1. Instrucciones. Relaciona las instrucciones con los dibujos.

- Lee
- Mira / Observa
- Pregunta
- Escucha
- Habla
- Escribe

2a. Pon en orden el siguiente diálogo.

- ☐ – Encantada.
- ☐ – Gil Pérez, María Gil Pérez.
- ☐ – De Colombia. Usted es argentino, ¿no?
- ☐1 – Muy buenos días. Yo soy Antonio. Y usted, ¿cómo se llama?
- ☐ – Hola. Yo soy María.

- ☐ – ¿Y de dónde es?
- ☐ – ¿Y de apellido?
- ☐ – ¡Ah! Mucho gusto.
- ☐ – Adiós.
- ☐ – No, no. Soy uruguayo, de Montevideo.
- ☐ – Bueno, hasta luego.

2b. ¿Qué le dices a un compañero de clase?

	En una situación informal	En una situación formal
Para saludarle	Hola.	
Para despedirte de él		
Para saber su nombre		
Para conocer su apellido		
Para conocer su nacionalidad		

2c. Escribe las preguntas a estas respuestas.

1. Me llamo Juan. ¿Cómo te llamas?
2. De Barcelona. ....
3. Mónica. ....
4. ¿Bolivianas? No, somos chilenas. ....

5. Hernández. ....
6. Muy bien. ....
7. Panameño. ....
8. ¿Eduardo? No, soy Alejandro. ....

2d. Completa con tus datos.

1. ¿Cómo te llamas? ....
2. ¿Cuál es tu apellido? ....
3. ¿De dónde eres? ....

1. Relaciona.

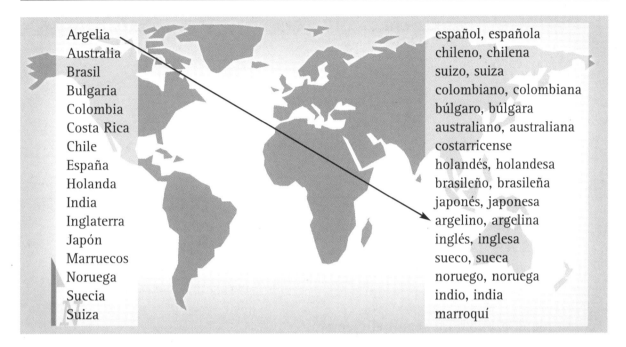

Argelia
Australia
Brasil
Bulgaria
Colombia
Costa Rica
Chile
España
Holanda
India
Inglaterra
Japón
Marruecos
Noruega
Suecia
Suiza

español, española
chileno, chilena
suizo, suiza
colombiano, colombiana
búlgaro, búlgara
australiano, australiana
costarricense
holandés, holandesa
brasileño, brasileña
japonés, japonesa
argelino, argelina
inglés, inglesa
sueco, sueca
noruego, noruega
indio, india
marroquí

2a. Observa.

Adjetivos de nacionalidad		
Masculinos	Femeninos	Ejemplo
Terminados en -o	Cambian -o por -a	*americano / americana*
Terminados en **consonante**	Añaden una -a	*español / española*
Terminados en -a, -e, -i	Son invariables	*belga / belga* *canadiense / canadiense* *marroquí / marroquí*

2b. Completa las palabras.

1. Marta es suiz.a... .
2. Pablo es colombian....... .
3. Martín es salvadoreñ....... .
4. Felipe es panameñ....... .

5. Almudena es italian....... .
6. Sofía es búlgar....... .
7. David es australian....... .
8. Reinaldo es cuban....... .

2c. Indica la nacionalidad.

a. Venezuela ......venezolano......
b. Costa Rica ....
c. China ....
d. Holanda ....
e. Uruguay ....

f. Brasil ....
g. Estados Unidos ....
h. Japón ....
i. Chile ....
j. India ....

1a. Observa.

	Ser	Estar	Llamarse
Yo	soy	estoy	me llamo
Tú	eres	estás	te llamas
Él, ella, usted	es	está	se llama
Nosotros, as	somos	estamos	nos llamamos
Vosotros, as	sois	estáis	os llamáis
Ellos, ellas, ustedes	son	están	se llaman

1b. Indica el pronombre sujeto de las siguientes frases.

1. ¿Sois de aquí? _vosotros_
2. ¿Eres español? ....
3. Soy argentino. ....
4. Es el señor Pérez. ....

5. ¿Qué tal estás? ....
6. ¿De dónde sois? ....
7. ¿Cómo se llama? ....
8. Somos argentinos. ....

1c. Escribe el pronombre según el ejemplo.

1. ¿De dónde eres? ¿_Yo_? De Buenos Aires.
2. ¿Cómo estáis? ¿.........? Bien.
3. ¿De dónde son? ¿.........? De China.
4. ¿Cómo se llama? ¿.........? Laura.
5. ¿Qué tal estás? ¿.........? Muy bien.

6. ¿Cómo os llamáis? ¿.........? Sandro y Marco.
7. ¿De dónde sois? ¿.........? De Italia.
8. ¿Cómo te llamas? ¿.........? Ernesto.
9. ¿Cómo se llaman? ¿.........? Liliana y Diego.
10. ¿De dónde eres? ¿.........? De Lima.

1d. Cambia de USTED a TÚ.

1. ¿De dónde es usted? _¿De dónde eres?_
2. ¿Cómo se llama? ....
3. ¿Es usted Luis Sánchez? ....
4. ¿Cómo está? ....

5. ¿Y ustedes cómo se llaman? ....
6. ¿De dónde son ustedes? ....
7. ¿Cómo están ustedes? ....
8. ¿Son ustedes los señores Ruiz? ....

1e. Clasifica los verbos siguientes.

Ser, llamarse, poner, completar, observar, escuchar, leer, decir, preguntar, oír, despedir, escribir, relacionar, numerar, clasificar, repetir, deletrear, mirar, hablar, situar, utilizar.

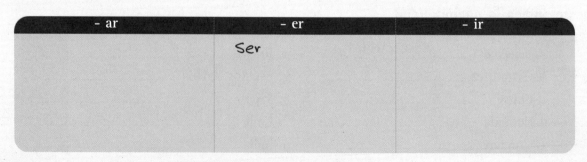

- ar	- er	- ir
	Ser	

Usos básicos de *SER* y *ESTAR*

2a. Completa.

	Ser	Estar
Yo	soy	....
Tú	....	estás
Él, ella, usted	es	....
Nosotros, as	somos	estamos
Vosotros, as	sois	....
Ellos, ellas, ustedes	....	están

2b. Conjuga los verbos siguientes en la persona indicada.

1. ¿Cómo ....*estás*....? *(estar - tú).*

2. ¿Usted .... griego? *(ser)*

3. .... bien, gracias *(estar - nosotros).*

4. .... de Brasil *(ser - nosotras).*

5. Ahora .... en Madrid *(estar - yo).*

6. El profesor no .... en clase *(estar).*

7. No, ella no .... Celia Valdés *(ser).*

8. ¿De dónde ....? *(ser - vosotros)*

9. ¿Qué tal .... Natalia y Félix? *(estar)*

10. Yo .... Máximo. ¿Y usted quién ....? *(ser)*

3a. Observa.

Usos de SER	Usos de ESTAR
- Identificar a una persona o cosa: *Soy Cecilia.* - Indicar nacionalidad / origen: *Soy de Quito.*	- Expresar estado de ánimo o físico: *Estoy bien.* - Indicar el lugar donde se encuentra una persona o cosa: *Está en España.*

3b. Subraya la palabra correcta.

1. ¿De dónde es / está usted?

2. ¿Son / están ustedes de Perú?

3. ¿Dónde son / están Sara y Lucía?

4. Sí, yo soy /estoy italiano.

5. Mi nombre es / está Javier Rueda.

6. No, Alicia no es / está de Barcelona.

7. ¿Y vosotras de dónde sois / estáis?

8. Somos / estamos bien, gracias.

9. Hola, ¿qué tal eres / estás?

10. No, no soy / estoy en París, soy / estoy en Berna.

Pedir en un bar

Pronunciación y ortografía	• El acento tónico y gráfico.
Comprensión y expresión	• Recursos para la comunicación. • Manejarse en un bar.
Léxico	• Comidas y bebidas.
Gramática	• El género del nombre. • El número del nombre. • Los artículos.

1a. Observa.

> En una palabra siempre hay una sílaba que se pronuncia con más fuerza.
> **Esta sílaba se llama tónica.**
> En español la posición de la sílaba tónica es variable.
>
> | *título* | *titulo* | *tituló* |
> |---|---|---|
>
> **Reglas para saber cuál es la sílaba tónica:**
>
> | Regla 1 | Regla 2. Sin tilde: |
> |---|---|
> | La tilde (acento escrito) indica cuál es la sílaba tónica.
azúcar   miércoles   aquí | **a)** Es tónica la penúltima sílaba si la palabra termina en **vocal**, **n** o **s**.
casa   comen   martes
b) Es tónica la última sílaba si la palabra termina en **consonante**, excepto **n** o **s**:
papel   tener   actriz |

1b. Subraya la sílaba tónica.

a. Choco<u>la</u>te

b. Gracias

c. Perdón

d. Agua

e. Paella

f. Patatas

g. Café

h. Tortilla

i. Arroz

j. Jamón

k. Repetir

l. Fiesta

1c. Subraya la sílaba tónica y repite las palabras insistiendo sobre el cambio de acento.

a. Título   Tituló

b. Canto   Cantó

c. Carácter   Caracteres

d. Ejército   Ejercitó

e. Cálculo   Calculó

f. Público   Publicó

g. Hábito   Habitó

h. Género   Generó

1d. Lee el poema y subraya las sílabas tónicas de los nombres de ciudades.

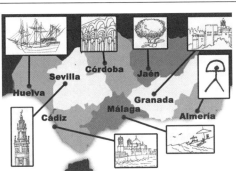

CANTO A ANDALUCÍA

Cádiz, salada claridad,
Granada, agua oculta que llora.
Romana y mora, Córdoba callada.
Málaga cantaora. Almería dorada.
Plateado Jaén. Huelva, la orilla
de las tres carabelas.
Y Sevilla...

Manuel Machado

B Comprensión y expresión

Recursos para la comunicación. Manejarse en un bar

1a. Relaciona con un dibujo lo que dice cada persona.

1. – No te entiendo. D
2. – ¿Puedes repetir, por favor?
3. – Más despacio.
4. – Muchas gracias.
5. – Lo siento.
6. – ¿Qué es esto?

1b. Relaciona.

a. ¿Qué tal?
b. Mucho gusto.
c. ¿Cuál es tu nombre?
d. Perdón.
e. ¿Cómo?
f. ¿Qué es esto?
g. ¿Qué deseas?

1. ¿Cómo te llamas?
2. ¿Y esto qué es?
3. Lo siento.
4. ¿Qué quieres?
5. ¿Cómo estás?
6. ¿Perdón?
7. Encantado.

2. Pon en orden este diálogo.

- [ ] Yo quiero un café con leche, por favor.
- [1] Buenos días, ¿qué desean?
- [ ] Y a mí un cruasán.
- [ ] ¿Algo más?
- [ ] Sí, a mí me pone también una magdalena.
- [ ] Pues entonces una ensaimada, por favor.
- [ ] Y yo uno solo.
- [ ] Lo siento, no tengo cruasán.

3. Subraya las expresiones formales (usted).

1. ¿Qué quiere?
2. ¿Qué desea?
3. ¿Cómo se llama?
4. ¿Puede repetir?
5. No te comprendo.
6. No le comprendo.
7. ¿Cómo te llamas?
8. ¿De dónde es usted?
9. ¿Puedes venir?

Comidas y bebidas

1a. El desayuno. Relaciona las palabras con las imágenes.

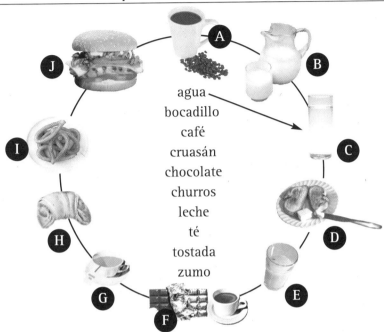

agua
bocadillo
café
cruasán
chocolate
churros
leche
té
tostada
zumo

1b. Clasifica las palabras anteriores.

Bebidas	Comidas
agua	

1c. Relaciona.

1. Café   a. mineral
2. Té   b. con limón
3. Zumo   c. de naranja
4. Tostadas   d. con leche
5. Agua   e. con mermelada
               y mantequilla

2a. La comida. Relaciona las frases con las fotos.

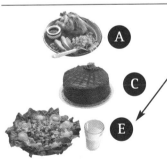

1. Quiero una ensalada y un zumo.
2. Y yo, sopa y churrasco.
3. Para mí, pollo asado.
4. Y yo quiero pescado y agua.
5. Yo, sólo fruta y café.
6. Yo, pastel de chocolate.

2b. Ahora completa el menú.

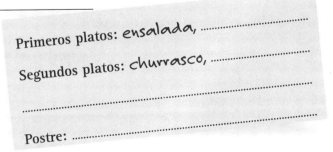

Primeros platos: ensalada, ...

Segundos platos: churrasco, ...

....

Postre: ....

D Gramática

El género del nombre

1a. Observa.

Masculinos	Femeninos
hombre, padre	mujer, madre
toro	vaca
Terminados en -o	Terminados en -a
camarero	camarera
gato	gata
Terminados en **consonante**	Añade una -a
director	directora
Profesiones terminadas en -ista y -ante	
artista	
cantante	

1b. Relaciona el masculino con el femenino.

a. Hombre

b. Gallo

c. Rey

d. Toro

e. Papá

f. Camarero

g. Profesor

1. Vaca

2. Mamá

3. Reina

4. Gallina

5. Mujer

6. Profesora

7. Camarera

1c. Escribe el masculino.

a. Actriz ...... *actor* ......

b. Dentista ....

c. Locutora ....

d. Madre ....

e. Profesora ....

f. Turista ....

g. Camarera ....

2a. Observa.

Nombres de cosas
Generalmente son masculinos:
– Los nombres terminados en –o: *bollo, zapato.*
– Ciertos nombres terminados en –a: *día, mapa, planeta.*
– Los nombres terminados en –or: *color, amor.* Excepto: *flor, coliflor, labor.*
– Los nombres de origen griego terminados en –ma: *problema, idioma, programa.*
Generalmente son femeninos:
– Los nombres terminados en –a: *mantequilla, tostada, paella.*
– Ciertos nombres terminado en –o: *mano, moto y foto.*
– Los nombres terminados en –tad, –dad, –tud, –ción: *libertad, verdad, juventud, información.*

2b. Clasifica estos nombres por su género.

mapa – salón – calor – terror – tempestad – diploma – programa – amor – color – flor – edad – fantasma – espada – árbol – mediodía – enigma – foto – pelo – dolor – atención

Masculinos	Femeninos
Mapa	

El número del nombre. Los artículos

3a. Observa.

Número del nombre	
Singular	**Plural**
- Terminado en **vocal**	- Añade -s
café	cafés
- Terminado en **consonante**	- Añade -es
información	informaciones
jamón	jamones
Observaciones	
Los nombres acabados en –z hacen el plural en –ces:	
pez – peces	
Muchos nombres acabados en –s no cambian:	
lunes – lunes	

3b. Escribe el plural.

1. El pez está en el mar.

   Los peces están en el mar.

2. El poeta escribe versos.

   ....

3. El martes voy a cenar con María.

   ....

4. El sillón es para sentarse.

   ....

5. Necesito un paraguas.

   ....

6. Quiero fruta y verdura.

   ....

4a. Observa.

El artículo determinado				
Singular			**Plural**	
Masculino	el	el café	los	los cafés
Femenino	la	la tostada	las	las tostadas

El artículo indeterminado				
Singular			**Plural**	
un	un café		unos	unos cafés
una	una tostada		unas	unas tostadas

4b. Escribe el artículo determinado adecuado.

a. _La_ mano

b. .... paella

c. .... ordenador

d. .... pescado

e. .... cena

f. .... zumo

g. .... día

h. .... comida

4c. Completa la frase con el artículo indeterminado.

1. Tengo _una_ casa en Benidorm.

2. En mi clase hay .... chica muy guapa.

3. Quiero .... chocolate caliente.

4. Voy a .... playa preciosa los domingos.

5. Tiene .... vecinos muy agradables.

6. Pablo es .... cantante cubano.

7. Estamos en .... restaurante chino.

8. Sois .... chicas divertidas.

Pronunciación y ortografía	• El sonido [θ] y el sonido [k]. • Las letras "c" y "z". • La entonación de la frase.
Comprensión y expresión	• Indicar una posición y la distancia.
Léxico	• Tipos de calles. • Medios de transporte.
Gramática	• Verbos en Presente: regulares e irregulares más frecuentes.

1a. Observa.

Letra	Sonido	Ejemplo
C + a, o, u		casa, cosa, cuatro
C + r, l	[k]	crema, clima
- C		bloc
Q + u		que, aquí
K		kiosco
C + e, i	[θ]	Celia, cinco
Z + a, o, u		zapato, zoo, azul
Z		luz

1b. Clasifica las siguientes palabras.

Venezuela	arroz	cafetería	gazpacho	López	bistec	Castilla
diez	queso	secretaria	cero	Pekín	kárate	correos
aceite	gracias	cliente	plaza	calle	tictac	Quijote

Sonido [k]	Sonido [θ]
	Venezuela

1c. Sonido [k]. Escribe las letras que faltan (c, qu).

a. _C_uando   c. Edu.......ación   e. Par........e   g. Pe.......eño

b. ....lase   d. ....asa   f. ....alle   h. Má.......ina

1d. Sonido [θ]. Escribe las letras que faltan (c, z).

a. Pla_Z_a   c. Bu......ón   e. ......elanda   g. Lápi......   i. Ha......er   k. ......umo

b. ......ine   d. Sui......o   f. Velo......   h. Comen......ar   j. Informa......ión   l. ......ere......a

---

La entonación de la frase

La frase **afirmativa** termina hacia abajo. *Son mis amigos* ↓

La frase **interrogativa** termina hacia abajo con interrogativo inicial. *¿Cómo estás?* ↓

La frase **interrogativa** termina hacia arriba sin interrogativo inicial. *¿Vas al cine?* ↑

La frase **exclamativa** sube y baja muy deprisa. *¡Muy bien!* ↗↘

2. Lee estos poemas con la entonación adecuada.

–¿Qué es poesía? –dices mientras clavas
en mi pupila tu pupila azul–.
¿Qué es poesía? ¿Y tú me lo preguntas?
Poesía... eres tú.

Bécquer

Los suspiros son aire y van al aire.
Las lágrimas son agua y van al mar.
Dime, mujer: cuando el amor se olvida,
¿sabes tú adónde va?

Bécquer

1a. Observa.

Indicar una posición: *¿Dónde está... ?*		
	encima (de)	*El gato está encima del sofá.*
	debajo (de)	*Dejo la maleta debajo de la cama.*
	delante (de)	*El kiosco está delante de mi oficina.*
	detrás (de)	*La escoba está detrás de la puerta.*
	entre	*La panadería está entre el bar y la farmacia.*
	enfrente (de)	*Su oficina está enfrente de mi casa.*
	a la derecha (de) a la izquierda (de)	*A la derecha de la cama está la mesilla.*

1b. Escribe dónde está cada globo.

a. encima
b.
c.
d.
e.
f.

1c. Con el mapa de América Latina sitúa los diferentes países.

EJEMPLO: Nicaragua. Nicaragua está entre Honduras y Costa Rica. Venezuela. Venezuela está a la derecha de Colombia.

1. Cuba está ....
2. Uruguay está ....
3. Chile está ....
4. Guatemala está ....
5. Bolivia está ....
6. México está ....

2a. Relaciona los contrarios.

- Fuera   Debajo
- Arriba   Cerca
- Lejos   A la izquierda
- Delante   Dentro
- Encima   Detrás
- A la derecha   Abajo

2b. Escribe lo contrario.

1. Está delante de ellos. <u>Está detrás de ellos.</u>
2. Vive muy lejos. ....
3. El museo está a la derecha de la Iglesia. ...
4. Mira dentro de la caja. ....
5. Está encima de la cama. ....
6. La terraza está arriba. ....

Tipos de calles y medios de transporte

1a. Localiza en la ilustración.

> calle – restaurante – monumento – parque – avenida – estanco – plaza –
> cafetería – puesto de la ONCE – estación de metro – banco - tienda

1. Parque ....
2. ....
3. ....
4. ....
5. ....
6. ....
7. ....
8. ....
9. ....
10. ....
11. ....
12. ....

1b. Clasifica estos lugares.

> calle – restaurante –
> monumento – parque –
> avenida – estanco – plaza –
> cafetería – puesto de la ONCE –
> museo – paseo – mercado

Para visitar	Para pasear	Para comer o beber	Para comprar

1c. ¿Dónde compras estas cosas?

a. Una revista   en un kiosco ....

b. Unos sellos   ....

c. Medicinas   ....

d. Fruta   ....

e. Una camisa   ....

f. Churros   ....

1d. Escribe.

C/ Mayor, 20.   Calle Mayor número veinte.

a. Avda. Castellana, 16 ....

b. C/ Luna, 19 ....

c. Gta. Cuatro Caminos, 5 ....

d. Pza. Callao, 13 ....

2. Relaciona.

a. en autobús   b. en metro   c. en bicicleta   d. en tren   e. en coche   f. a pie   g. a caballo

1a. Completa el cuadro.

Verbos regulares	Hablar	Beber	Vivir
Yo	hablo	....	....
Tú	....	bebes	....
Él, ella, usted	....	....	vive
Nosotros, as	....	....	vivimos
Vosotros, as	habláis	....	....
Ellos, ellas, ustedes	....	beben	....

1b. Indica el pronombre.

a. _Él, ella usted_ termina

b. .... trabajáis

c. .... pretenden

d. .... llamas

e. .... abrís

f. .... acepto

g. .... suben

h. .... corres

i. .... preguntamos

j. .... escuchan

k. .... telefoneas

l. .... pasea

1c. Conjuga los verbos.

– ¿Puedo hacerte unas preguntas, por favor?

• Sí, claro.

– ¿Tú _trabajas_ (trabajar)?

• Sí, ... por las mañanas en un supermercado.

– ¿Desayunas en casa?

• Depende. A veces .... en casa
y otras veces en una cafetería.

– ¿Vives cerca del trabajo?

• No, ... al otro lado de la ciudad.

– ¿Y a qué hora comes?

• Pues .... con mi marido sobre las 3.

– Entonces vosotros .... (cenar) tarde, claro.

• Sí, ... a las 9 o las 10 de la noche.

2a. Completa el cuadro.

Presentes irregulares	Dar	Ir	Venir	Ver	Saber
Yo	doy	voy	vengo	veo	sé
Tú	das	....	vienes	....	sabes
Él, ella, usted	....	....	....	ve	....
Nosotros, as	damos	vamos	venimos	....	sabemos
Vosotros, as	....	....	venís	....	....
Ellos, ellas, ustedes	dan	....	....	....	....

2b. Subraya el pronombre sujeto correcto.

1. (*Yo* / <u>*Nosotros*</u> / *Ella*) vamos.
2. (*Ellos* / *Usted* / *Tú*) dan.
3. (*Tú* / *Usted* / *Ellos*) vienen.
4. (*Vosotros* / *Él* / *Ustedes*) ve.
5. (*Tú* / *Yo* / *Ella*) sé.
6. (*Nosotras* / *Yo* / *Usted*) da.
7. (*Vosotros* / *Ellos* / *Nosotras*) dais.
8. (*Yo* / *Tú* / *Él*) va.
9. (*Él* / *Yo* / *Ellos*) doy.
10. (*Nosotras* / *Vosotras* / *Ustedes*) venís.

2c. Conjuga los verbos.

1. No ..*sé*.. el nombre de la calle *(saber-yo)*.
2. ¿Me .... este reloj como recuerdo *(dar-tú)*?
3. Hoy no .... a la oficina, es domingo *(ir, yo)*.
4. ¿............... el edificio blanco *(ver-ustedes)*? Ahí vive Lourdes.
5. Mis abuelos .... todos los sábados al bingo *(ir)*.
6. ¿Dónde está Vanesa? No la .... *(ver-yo)*.
7. ¿Le .... la carta a este señor *(dar-nosotros)*?
8. Voy a la farmacia y .... en seguida *(venir)*.

2d. Subraya la forma verbal adecuada.

1. Enrique y Maribel le *da / dan* un regalo a su padre.
2. ¿*Saben / sabéis* la verdad *(Vosotros)*?
3. Mis hijos son pequeños y me *doy / dan* mucho trabajo.
4. Por esta avenida *ven / vemos* muchos monumentos *(Nosotros)*.
5. *Van / vamos* de excursión una vez al mes *(Ellas)*.
6. ¿*Venís / Vienes* conmigo a casa de Alejandro *(Tú)*?
7. ¿*Veis / Ven* ustedes aquel río?
8. No *sabe / sé* nada de Raquel *(Yo)*. ¿Cómo está?

3. Completa el texto con la forma "yo" de estos verbos.

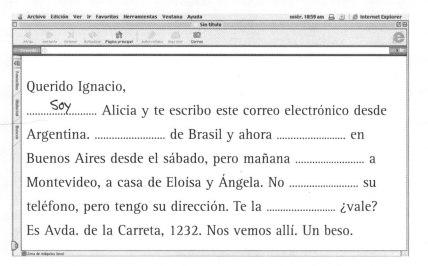

dar   ir   ser
venir   saber   estar

Querido Ignacio,

............*Soy*............ Alicia y te escribo este correo electrónico desde Argentina. .... de Brasil y ahora .... en Buenos Aires desde el sábado, pero mañana .... a Montevideo, a casa de Eloísa y Ángela. No .... su teléfono, pero tengo su dirección. Te la .... ¿vale? Es Avda. de la Carreta, 1232. Nos vemos allí. Un beso.

4 Conocer a alguien

Pronunciación y ortografía	• Pronunciación de [r] y [r̄]. • Escritura de "ere" y "erre".
Comprensión y expresión	• Informarse sobre algo o alguien. • Presentar a alguien y reaccionar. • Describir el trabajo o la ocupación.
Léxico	• Las profesiones y vocabulario relacionado con el trabajo. • Anuncios de trabajo.
Gramática	• Verbos con diptongación. • Pronombres personales. • Contracciones *AL* y *DEL*.

Pronunciación y escritura de "ere" y "erre"

1. Observa.

Pronunciación	Letra	Posición
[r]	r	- Entre vocales: *María* - Delante de consonante: *perdón* - Detrás de consonante (excepto s, l, n): *gracias*
[r̄]	r	- Principio de palabra: *repito* - Detrás de las consonantes s, l, n: *Enrique*
	rr	- Entre vocales: *correos*

2. Escribe los nombres de estas cosas. Todos llevan "rr" entre vocales.

 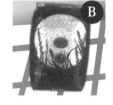  

P _ _ _   A _ _ _   C _ _ _ _ _   CH _ _ _ _

3. Escribe cinco nombres de persona que empiecen por la letra "r". ¿Cómo se pronuncian?

....

4. Sonido [r̄]. Completa las palabras con "r" o "rr".

a. Son...r...isa
b. ....ecepcionista
c. ....estaurante

d. Is.........ael
e. Tie.........a
f. Bu.........o

g. Guita.........a
h. En.........ique
i. Tu.........ón

5. Crucigrama. Palabras con "r" o "rr".

Verticales:

1. Bien. Sin error.

2. Sección de una universidad.

3. Pronombre personal 1ª persona plural.

Horizontales:

4. Hombre de Francia.

5. Lugar donde trabaja un recepcionista.

6. Hombre que trabaja en un restaurante o un bar.

7. Lugar donde trabaja un actor.

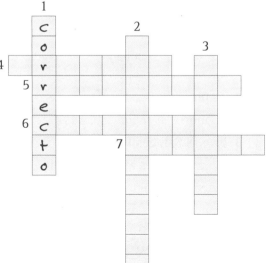

Presentar e informarse sobre alguien

1a. Observa.

Preguntar por una persona	¿Quién? ¿Quiénes?	*¿Quién eres?*
Preguntar por una cosa	¿Qué?	*¿A qué se dedica?*
Preguntar por una persona o una cosa (de un grupo conocido)	¿Cuál? ¿Cuáles?	*¿Cuál es tu dirección?*
Preguntar por un lugar	¿Dónde?	*¿De dónde eres?*
Preguntar por el modo, la manera	¿Cómo?	*¿Cómo se va?*
Preguntar por un periodo de tiempo	¿Cuándo?	*¿Cuándo empiezo?*
Preguntar por la cantidad	¿Cuánto, a, os, as?	*¿Cuánto vale?*

1b. Completa las frases.

1. ¿ _Cuánto_ vale esto? 12 euros.

2. ¿............ se va a Toledo? Por la carretera 401.

3. ¿............ es ella? Luisa.

4. ¿............ está mi perro? Detrás de la casa.

5. ¿............ está el disco? Encima de la mesa.

6. ¿............ empiezo? Mañana mismo.

7. ¿............ se dice "beach" en español? Playa.

8. ¿............ es tu dirección? Calle Zurbarán, 12.

9. ¿............ es tu deporte favorito? El tenis.

10. ¿............ se llama? Elena.

11. ¿............ es eso? Es chocolate.

12. ¿A .... te dedicas? Soy azafata.

2a. Observa y completa las frases.

Keiko Tohoku

Tokyo (Japón)

Doctora

Hospital Central

Japonés y español

Samuel Martín

La Paz (Bolivia)

Camarero

Restaurante *París*

Español e inglés

Mark Braun

Munich (Alemania)

Actor

Teatro *Berlín*

Alemán, inglés y francés

1. Te presento a ...._Keiko_..................., es doctora.

2. ¿Conoces al señor ....? Es actor.

3. Este es Samuel, trabaja en el .... de La Paz.

4. Mark Braun es alemán y habla ....

5. Usted es la doctora Tohoku y .... en el hospital Central de ...., ¿verdad?

6. Le presento al señor ...., trabaja de .... en La Paz.

2b. Escribe tus datos y preséntate.

Las profesiones y vocabulario relacionado con el trabajo

1. Relaciona las columnas y los dibujos.

a. Arquitecto
b. Albañil
c. Bombero
d. Periodista
e. Juez
f. Dependiente
g. Portero
h. Músico
i. Fontanero
j. Futbolista

1. Arregla grifos.
2. Diseña edificios
3. Juzga en los tribunales de justicia.
4. Vende en una tienda.
5. Juega a fútbol.
6. Toca un instrumento musical.
7. Informa.
8. Apaga fuegos.
9. Construye edificios.
10. Vigila un edificio.

2. Relaciona las profesiones con el objeto.

a. Zapatero   b. Dentista   c. Panadero   d. Fotógrafo   e. Cartero

f. Taxista   g. Librero   h. Agricultor   i. Camionero   j. Pintor

1. *Pan*   2. *Camión*   3. *Taxi*   4. *Tractor*   5. *Pintura y pincel*

6. *Zapato*   7. *Libros*   8. *Dientes*   9. *Cartas*   10. *Cámara de fotos*

3. Completa el cuadro con los datos de los anuncios de trabajo.

SE NECESITA CAMARERO joven para restaurante de Lloret de Mar. Con experiencia. Inglés.
☎ 93-142 25 44
A

SE NECESITA PROFESOR DE ESCUELA. Madrid, zona Usera, jornada completa o medio día. ☎ 600 11 22 33
B

CASTING PELÍCULA. Productora de Mallorca necesita actores. De 30 a 60 años. Alemán. ☎ 600 33 32 22
C

SE NECESITAN VIGILANTES DE SEGURIDAD con título. Incorporación inmediata. Madrid. ☎ 91-199 87 45
D

TIENDA DE DECORACIÓN precisa dependiente de 25 a 32 años, residir en Madrid, buena presencia. Inglés y francés. ☎ 91-200 14 45
E

CONSTRUCTORA precisa albañiles de 18 a 30 años, con papeles en regla. Costa del Sol. ☎ 91-200 14 45
F

Trabajo	Lugar	Idiomas	Edad	Otros
Camarero	Restaurante en Lloret de Mar	Inglés	Mujer joven	Con experiencia

Verbos con diptongación

1a. Observa.

Presentes irregulares: E>IE		
Empezar	Entender	Sentir
empiezo	entiendo	siento
empiezas	entiendes	sientes
empieza	entiende	siente
empezamos	entendemos	sentimos
empezáis	entendéis	sentís
empiezan	entienden	sienten

Presentes irregulares: O>UE		
Comprobar	Volver	Dormir
compruebo	vuelvo	duermo
compruebas	vuelves	duermes
comprueba	vuelve	duerme
comprobamos	volvemos	dormimos
comprobáis	volvéis	dormís
comprueban	vuelven	duermen

No hay regla para saber si un verbo tiene diptongación o no.

1b. Completa.

Pensar	Querer	Divertirse
pienso	....	....
....	quieres	....
....	....	se divierte
pensamos	....	....
....	queréis	....
....	....	....

Contar	Poder	Morirse
cuento	....	me muero
....	....	....
....	puede	....
....	....	nos morimos
....	....	....
....	....	....

1c. Busca el infinitivo de los verbos subrayados.

1. Pierde mucho dinero. *Perder* ....
2. Atiende a los clientes. ....
3. Defiende sus intereses. ....
4. ¿Piensas venir a casa hoy? ....

5. Te recomiendo ese restaurante. ....
6. ¿Cierro la puerta? ....
7. Se manifiesta en la calle. ....
8. Invierten su dinero en acciones. ....

1d. Pon las frases en primera persona del singular.

1. Siempre nos despertamos a las 7. *Me despierto*
2. Entendemos la situación. ....
3. ¿Encendemos la luz ahora? ....
4. Nos sentamos para comer. ....
5. Merendamos un vaso de leche y fruta. ....

6. ¿Envolvemos el regalo? ....
7. Contamos contigo. ....
8. Los sábados nos acostamos tarde. ....
9. ¿Comprobamos los datos? ....
10. Aprobamos las matemáticas. ....

1e. Clasifica estos verbos: entender, defender, invertir, suspender, aceptar, atender, recomendar, cenar, encender, poder, coser, volver, acostarse, comprobar, ahorrar, aprobar.

E>IE	O>UE	sin diptongación
Entender		

Contracciones y pronombres personales

2. Escribe la forma correcta: *A LA / AL* o *DE LA / DEL*.

1. Vuelvo ....*a la*.... ciudad.
2. Llama .... recepcionista .... hotel.
3. ¿Vais .... restaurante .... universidad?
4. Te presento .... jefe.
5. Vuelvo a casa .... una de la tarde.
6. ¿Vamos .... campo o .... playa?
7. No entiendo .... profesor.
8. Este es el cocinero .... restaurante *La Paloma*.

> **A + EL = AL**
> Te presento ~~a el~~ director.
> AL
>
> **DE + EL = DEL**
> Es el Jefe ~~de el~~ Departamento.
> DEL

3a. Observa.

Pronombres personales I		
Sujeto	Complemento con preposición	Reflexivos
yo	mí	me
tú	ti	te
él, ella, usted	él, ella, usted	se
nosotros, as	nosotros, as	nos
vosotros, as	vosotros, as	os
ellos, ellas, ustedes	ellos, ellas, ustedes	se

Observaciones:
Con la preposición **con** los pronombres complementos de las dos primeras personas son: **conmigo, contigo.**
Con las preposiciones **entre, según, excepto, menos, salvo** se usan **yo** y **tú** en lugar de **mí** y **ti**.

3b. Marca la forma correcta.

1. Esto es para... ☐ tú. ☒ ti. ☐ te.
2. Voy al médico con... ☐ contigo. ☐ ti. ☐ ella.
3. Te pones detrás de... ☐ mí. ☐ me. ☐ yo.
4. Lidia está entre... ☐ ti y mí. ☐ tú y yo. ☐ te y me.
5. Todos van al cine menos... ☐ mí. ☐ me. ☐ yo.
6. Todos los días pienso en... ☐ nos. ☐ te. ☐ ustedes.

3c. Completa con el pronombre personal adecuado.

> nosotros - tú - os - vosotros - usted - yo - ellos

1. ¿Tiene ....*usted*.... hora, por favor?
2. ¿No tenéis sitio? Pues .... tenemos muchas sillas.
3. Marta no quiere comer, pero .... sí tengo hambre.
4. ¿.................... no vas? Entonces .... tampoco van.
5. ¿.................... cómo .... llamáis?

5 Hablar de una fecha

SÁBADO
25
MAYO

Pronunciación y ortografía	• El sonido [g] y el sonido [x].
Comprensión y expresión	• Hablar de acciones cotidianas y de acciones actuales.
Léxico	• Los números del 0 al 100. • La hora.
Gramática	• Presentes irregulares: E > I. • Presentes irregulares: -GO. • Gerundio. • *ESTAR* + gerundio. • Posesivos átonos.

1a. Observa.

Sonido	Se escribe	Ejemplo
[g]	ga	*gato*
	gue	*Miguel*
	gui	*guitarra*
	go	*gota*
	gu	*agua*
	gr + vocal	*gracias*
	gl + vocal	*globo*
[x]	ja	*jamón*
	je	*jefe*
	ge	*gente*
	ji	*jirafa*
	gi	*colegio*
	jo	*hijo*
	ju	*julio*

- Algunas palabras se pueden escribir con X o con J, pero se pronuncian [x]: *México / Méjico, Texas / Tejas.*

- Se escribe GÜ delante de E, I para indicar que la U se pronuncia: *antigüedad, pingüino.*

1b. Lee el texto, subraya las palabras con "ge" o "jota" y clasifícalas.

Durante los tres siguientes días fui al colegio, pero un día mis tías dijeron que no era necesario seguir mi educación y ya no fui más. Me pasaba el día en la calle y en ese tiempo fui muy feliz, porque conocí gente muy buena y amable. Entraba sin miedo en cualquier lugar. Me gustaba ir al hotel para hablar con la gente importante, o a la peluquería, donde se oye todo lo que pasa. A las personas mayores les gustaba oírme hablar, porque les hacía reír con mis bromas.
Todos decían que yo era muy simpático y querían estar conmigo.

RICARDO GÜIRALDES, *Don Segundo Sombra*, adaptación, Lecturas Clásicas Graduadas, Edelsa.

Palabras con el sonido [g]	Palabras con el sonido [x]
siguientes	

1c. Completa con las letras que faltan: "g", "gu", "gü", "j". Después léelas en voz alta.

a. Len_g_ua

b. Para___uas

c. Pre___unta

d. Anti___uo

e. ___arcía

f. Lue___o

g. Nicara___ense

h. Vi___ilar

i. Ob___eto

j. Naran___a

k. Ver___enza

l. Ove___a

m. Dibu___o

n. Orto___rafía

ñ. ___aén

o. ___amón

p. Norue___o

q. Fotó___rafo

r. E___ercicio

s. Ar___entino

1. Relaciona.

a. ¿Cuántos años tienes?

b. ¿Qué hora es?

c. ¡Feliz cumpleaños!

d. ¿Qué día es hoy?

1. ¡Felicidades!

2. ¿A qué día estamos?

3. ¿Qué edad tienes?

4. ¿Qué hora tienes?

2. Lee el texto y responde.

1. ¿Qué horario tienen las tiendas y los supermercados en España?

....

2. ¿Tienen los mismos horarios en invierno y en verano?

....

3. ¿Tienen el mismo horario los grandes almacenes?

....

4. ¿A qué hora cierran los bancos los sábados?

....

Los horarios públicos en España

En España las tiendas y los supermercados abren todos los días excepto los domingos, en horario de 10 de la mañana a 14 y de 17 a 20 (o 21 en verano).

Pero hay grandes almacenes que no cierran al mediodía y también abren algunos domingos.

El horario de los bancos es de lunes a viernes de 8:30 a 14 horas y también abren los sábados desde octubre hasta abril de 8:30 a 13.

3. Busca en el dibujo quién o quiénes...

a. Está leyendo el periódico. **2**

b. Está escuchando música.

c. Están hablando.

d. Está durmiendo.

e. Está paseando al perro.

f. Están comiendo un bocadillo.

g. Está pescando.

h. Están corriendo.

i. Está mirando los peces.

j. Está jugando a fútbol.

1a. Observa.

0	1	2	3	4	5	6	7	8	9
cero	uno	dos	tres	cuatro	cinco	seis	siete	ocho	nueve
10	11	12	13	14	15	16	17	18	19
diez	once	doce	trece	catorce	quince	dieciséis	diecisiete	dieciocho	diecinueve
20	21	22	23	24	25	26	27	28	29
veinte	veintiuno	veintidós	veintitrés	veinticuatro	veinticinco	veintiséis	veintisiete	veintiocho	veintinueve
30	31	32	40	50	60	70	80	90	100
treinta	treinta y uno	treinta y dos	cuarenta	cincuenta	sesenta	setenta	ochenta	noventa	cien

1b. Escribe los números con letras.

1. Mi hijo tiene 14 años. ...._catorce_....

2. Hay 98 personas en el cine. ....

3. El menú vale 41 euros. ....

4. Faltan 15 estudiantes. ....

5. La velocidad máxima es de 90. ....

6. Viven en el 65 de la calle Huertas. ....

7. Aquí trabajamos 76 enfermeras. ....

8. Tenemos 55 primos. ....

2a. Observa.

La Hora	
	en punto
Es la una...	y diez minutos
Son las dos,	y cuarto (15') / media (30')
las tres...	menos diez minutos
	menos cuarto

2b. Escribe la hora con letras y relaciona con los dibujos.

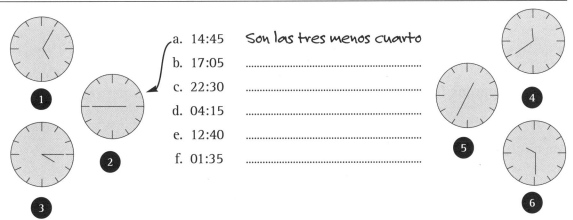

a. 14:45   Son las tres menos cuarto

b. 17:05   ....

c. 22:30   ....

d. 04:15   ....

e. 12:40   ....

f. 01:35   ....

Presentes irregulares: E>I y -GO

1a. Observa.

Presentes irregulares: E>I		
Repetir	Pedir	Reír
repito	....	río
....	pides	....
....	....	ríe
repetimos	....	....
repetís	....	....
....	....	ríen

1b. Clasifica los verbos: preferir, vestir, elegir, servir, mentir, sugerir, divertir, repetir, corregir, seguir.

*Si la E final está seguida de la consonante N o R, el verbo se conjuga como **sentir**. En caso contrario se conjuga como **pedir**, excepto el verbo **servir**.*

e>ie	e>i
preferir	

2a. Completa el cuadro con las formas que faltan.

Presentes irregulares: 1º persona del singular acabada en -go						
Tener	Poner	Decir	Oír	Hacer	Salir	Traer
tengo	pongo	digo	oigo	hago	salgo	traigo
tienes	....	dices	oyes	haces	....	traes
tiene	pone	....	....	....	....	....
tenemos	....	decimos	oímos	....	salimos	....
tenéis	ponéis	....	oís	....	....	....
tienen	....	dicen	....	....	....	traen

2b. Escribe la forma verbal correcta.

1. Tengo sed. ¿Me .... una botella de agua, por favor *(tener–yo / poner–usted)*?
2. .... ahora, pero vuelvo pronto. ¿Me .... *(salir–yo / oír–tú)*?
3. Si .... los deberes, os .... una pizza para cenar *(hacer–vosotras / traer–yo)*.
4. ¿Qué ....? No le .... *(decir–usted / oír–yo)*.
5. ¿.............. hora? No, lo siento, no .... reloj *(tener–ustedes / tener–nosotros)*.

2c. Completa las frases con la forma "yo" de estos verbos: *poner, traer, hacer, oír y salir.*

1. ¿Puedes hablar más alto? No te ....oigo.......... nada.
2. ¿Dónde .... esta silla?
3. .... más pan. ¿Quieres?
4. Esta noche .... a cenar fuera, ¿vienes?
5. ¿.......................... yo la comida mañana?

Gerundio. *ESTAR* + gerundio. Los posesivos átonos

3a. Observa.

Gerundio	
Verbos terminados en –AR	Verbos terminados en –ER y en –IR
radical + ANDO	radical + IENDO
(hablar: hablando)	*(comer: comiendo)*
	(vivir: viviendo)

3b. ¿Cuál es el infinitivo?

a. Poniendo ....*poner*.............

b. Mintiendo ....

c. Repitiendo ....

d. Vistiendo ....

e. Diciendo ....

4a. Observa.

Estar + Gerundio
Para expresar la acción en desarrollo.
EJEMPLO: *Ahora estoy comiendo.*
Presente
Para expresar hábitos.
EJEMPLO: *Trabajo en un banco de 8 a 3 y como en casa todos los días.*

4b. Transforma las frases según el modelo.

EJEMPLO: Ve la televisión
> *Está viendo la televisión.*

1. Estudiamos en clase. ....

2. Se viste en su habitación. ....

3. Se ríen mucho. ....

4. Pide dinero a Mario. ....

5. Sale del trabajo ahora. ....

6. ¿Decís la verdad? ....

7. Se divierte con sus amigos. ....

5a. Observa.

Posesivos átonos			
Una persona		Varias personas	
Una cosa	Varias cosas	Una cosa	Varias cosas
mi	mis	nuestro, a	nuestros, as
tu	tus	vuestro, a	vuestros, as
su	sus	su	sus

Mi casa · Mis perros · Nuestros hijos · Nuestra casa

5b. Relaciona las frases con las ilustraciones.

1. Su sombrero es muy bonito.

2. Este es mi sombrero.

3. Es nuestro coche.

4. Te presento a mis padres.

5. ¿Este es tu coche?

6. Esos son sus padres.

Pronunciación y ortografía	• El sonido [l] y el sonido [y].
	• Los sonidos [m], [n] y [ɲ].
Comprensión y expresión	• Expresar gustos.
	• Describir personas y lugares.
Léxico	• La familia.
	• Adjetivos para describir.
	• Mobiliario.
Gramática	• Presentes irregulares: *-ACER, -ECER, -OCER, -UCIR, -UIR*.
	• Presentes irregulares: *ADQUIRIR, JUGAR, OLER*.
	• Verbo *GUSTAR*.
	• *HAY / ESTÁN*.
	• Demostrativos.
	• *AQUÍ, AHÍ* y *ALLÍ*.

1a. Observa.

Sonido	Letra	Ejemplo
[l]	l	*lavabo*
		tranquilo
		plato
		alto
		Isabel
[y]	ll	*llave*
		sillón
	y	*yo*
		payaso

La letra Y se pronuncia [i] si va sola o al final de palabra: *y, hoy, soy*

1b. Lee estas palabras en voz alta.

a. Lavo

b. Claro

c. Llave

d. Ayer

e. Yogur

f. Estrella

g. Película

h. Salsa

i. Sevilla

j. Llorar

k. Mayo

l. Paraguayo

m. Sol

n. Globo

ñ. Yo

o. Millón

p. Llevar

q. Payaso

2a. Observa.

Sonido	Letras	Ejemplo
[m]	m	*mesa*
		cama
		cambio
	n + v	*enviar*
[n]	n	*nevera*
		habitaciones
		ascensor
		salón
[ɲ]	ñ	*niño*

2b. Lee en voz alta.

a. Eme — Ene — Eñe

b. Cama — Cana — Caña

c. Muevo — Nuevo — Sueño

d. Tomo — Tono — Toño

e. Mama — Mana — Maña

f. Tima — Tina — Tiña

3. Lee estos trabalenguas.

Hoy es ayer
y ayer es hoy,
ya llegó el día,
y hoy es hoy.

Ñoño Yáñez come ñame
en las mañanas con el niño.

El cielo está enladrillado.
¿Quién lo desenladrillará?
El desenladrillador que lo desenladrille
buen desenladrillador será.

1a. Lee el texto y completa el cuadro.

España y los españoles

Los españoles se definen a sí mismos como alegres y amantes de su tierra. La mayoría se considera abierto y tolerante. Les gustan sus tradiciones. Muchos españoles pasan una buena parte de su tiempo social en los bares. Les gusta encontrarse con amigos y hablar, ver el fútbol en la televisión y discutir. La mayoría se considera solidario y ecologista. Sólo a un 40 % le gustan las corridas de toros y a un 10 % le parecen brutales.

¿Cómo son?	¿Qué les gusta?
alegres	sus tradiciones

1b. Observa.

Mismos gustos

Me gusta(n) - A mí también
No me gusta(n) - A mí tampoco

Gustos diferentes

Me gusta(n) - A mí no
No me gusta(n) - A mí sí

1c. Completa.

1. .... el fútbol. A mí tampoco.
2. .... España. A mí también.
3. .... la música pop. Pues a mí no.
4. .... las películas de terror. A mí tampoco.
5. .... navegar por Internet. A mí sí.

2. Relaciona las descripciones con los dibujos.

1. Es alta, delgada y muy joven. Tiene el pelo rizado. Es guapa, pero un poco antipática.
2. Tiene el pelo largo y liso. Es alto y un poco gordo. Tiene barba y lleva gafas. Es muy serio.
3. Tiene el pelo negro y corto. Es un poco feo, pero muy alegre.
4. Es un poco vieja y tiene el pelo blanco. Es baja y delgada. Es muy simpática.

3. Lee este anuncio y describe el apartamento.

Es un apartamento nuevo. Está en ....
....
....

Apartamento nuevo
Calle Tirso de Molina, 74 metros,
3 habitaciones, 2 baños, calefacción y aire acondicionado, ascensor, garaje. Exterior con terraza. Bien comunicado.

La familia. El mobiliario. Adjetivos para describir

1a. Observa este árbol de familia.

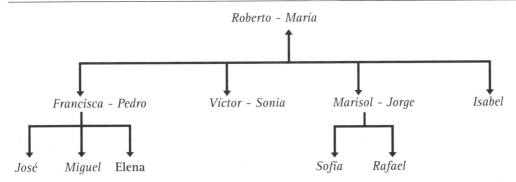

Roberto - María

Francisca - Pedro   Víctor - Sonia   Marisol - Jorge   Isabel

José   Miguel   Elena   Sofía   Rafael

1b. Responde a las preguntas de Elena.

1. Mi madre se llama Francisca. ¿Y mi padre? ...... *Pedro* ....
2. Tengo dos tíos y tres tías. ¿Cómo se llaman? ....
3. La hija de mi tía Marisol es Sofía. ¿Cómo se llama su hijo? ....
4. ¿Cómo se llama el marido de mi tía Marisol? ....
5. Los hijos de mis tíos son mis primos. ¿Cómo se llaman? ....
6. ¿Cómo se llama la mujer de mi tío Víctor? ....
7. Los padres de mis padres son mis abuelos. ¿Cómo se llaman? ....
8. Mi tía Isabel no tiene hijos, pero tiene cinco sobrinos. ¿Quiénes son? ....
9. ¿Cómo se llama la hermana de Rafael? ....
10. Mis abuelos tienen tres nietos y dos nietas. ¿Quiénes son? ....

2. ¿De qué objeto(s) hablamos?

1. Hay cuatro junto a la mesa: *las sillas*
2. Está encima de la mesita: ....
3. Hay una a la derecha del sillón: ....
4. Está a la izquierda de la ventana: ....
5. Hay dos a la derecha de la puerta: ....

3. Relaciona.

a. Alto
b. Rubio
c. Gordo
d. Joven
e. Guapo
f. Serio
g. Simpático

1. Delgado
2. Antipático.
3. Feo
4. Bajo
5. Alegre
6. Viejo
7. Moreno

Presentes irregulares

1a. Completa el cuadro.

Presentes irregulares: -ACER, -ECER, -OCER, -UCIR			
Nacer	Conocer	Obedecer	Traducir
nazco	....	....	....
naces	....	....	....
nace	....	....	....
nacemos	....	....	....
nacéis	....	....	....
nacen	....	....	....

> *Los verbos terminados en **-acer (excepto hacer), -ecer, -ocer y -ucir** tienen una **zc** en la forma "yo". Las otras personas son regulares.*

1b. Escribe el verbo en la forma correcta.

1. Los árboles ....crecen........ deprisa *(crecer)*.
2. *(Yo)* .... novedades en el proyecto *(introducir)*.
3. ¿Usted .... a mucha gente *(conocer)*?
4. Mi mujer .... muy bien *(conducir)*.
5. *(Nosotros)* .... a la profesora *(obedecer)*.
6. *(Yo)* .... libros en una editorial *(traducir)*.
7. *(Yo)* No .... este lugar *(reconocer)*.

2. Observa y completa.

Presentes irregulares: -UIR		
Concluir	Huir	Construir
concluyo	huyo	....
concluyes	....	construyes
concluye	....	....
concluimos	huimos	....
concluís	....	....
concluyen	....	construyen

3a. Completa el cuadro.

I>IE	U>UE	O>UE
Adquirir	Jugar	Oler
adquiero	juego	huelo
....	....	hueles
....	....	....
adquirimos	....	olemos
....	....	....
....	juegan	....

3b. Completa con el verbo adecuado.

1. ¿(Usted) .... conmigo al ajedrez?
2. Yo nunca .... al fútbol.
3. Mis hijos .... al fútbol.
4. ¿(Nosotros) .... a las cartas?
5. Estos zapatos .... muy mal.
6. Los clientes .... alimentos de buena calidad.

El verbo *GUSTAR. HAY* y *ESTÁ(N)*. Demostrativos

4a. Observa.

GUSTAR			
A mí	me		
A ti	te	gusta	conducir el deporte
A él, ella, usted	le		
A nosotros, as (no)	nos		
A vosotros, as	os	gustan	los deportes
A ellos, ellas, ustedes	les		

4b. Ordena y completa para formar frases.

1. Él / no / gustar/ ir a trabajar.
   A él no le gusta ir a trabajar.

2. La música pop / Pedro y Juan / gustar.
   ....

3. ¿Gustar / ustedes / las corridas de toros?
   ....

5a. Observa.

HAY un(o), una, unos, unas (+ sustantivo)	*Hay una mesa.*
HAY un(o), dos, tres... (+ sustantivo)	*Hay dos cuartos de baño.*
HAY + sustantivo	*En mi habitación no hay terraza.*
ESTÁ(N) el, la, los, las + sustantivo	*A la derecha está la cocina.*
ESTÁ(N) + preposición	*La mesa está a la derecha de la cama.*

5b. Subraya la forma correcta.

1. ¿Qué *hay / está / están* en la mesa?
2. ¿Dónde *hay / está / están* un supermercado?
3. ¿Dónde *hay / está / están* los invitados?
4. *¿Hay / está / están* unas llaves en ese cajón?
5. *¿Hay / está / están* microondas en la cocina?
6. *¿Hay / está / están* dos habitaciones libres?

6a. Observa.

Situación en el espacio	Adverbios de lugar ¿Dónde está?	Demostrativos	
Cerca del hablante	AQUÍ	Me gusta **este** coche. Me gusta **esta** bicicleta. ¿Qué es **esto**?	Me gustan **estos** sillones. Me gustan **estas** lámparas.
Ni cerca ni lejos	AHÍ	No me gusta **ese** apartamento. No me gusta **esa** casa. ¿Qué es **eso**?	No me gustan esos armarios. No me gustan **esas** sillas.
Lejos del hablante	ALLÍ	Me encanta **aquel** edificio. Me encanta **aquella** lavadora. ¿Qué es **aquello**?	Me encantan **aquellos** jardines. Me encantan **aquellas** mesillas.

6b. Ordena los elementos para formar frases.

1. Ahí / cosas / estas / dejo ....
2. Vive / señor / apartamento / en aquel / este ....
3. Está / mi casa / aquí cerca ....
4. Hay / libre / allí / una silla ....
5. Mujer / no / aquí / esa / trabaja ....

7 Narrar un hecho del pasado

Pronunciación y ortografía	• Acentuación I: reglas generales.
Comprensión y expresión	• Hablar del pasado y relacionar hechos. • Expresar dolor.
Léxico	• Números del 100 al 10.000. • Partes del cuerpo.
Gramática	• Pretérito Indefinido. • El verbo *DOLER*. • Frases exclamativas: ¡Qué... !

1a. Observa.

Las palabras terminadas en **consonante** (excepto **n** y **s**) llevan el acento tónico en la última sílaba.	*papel, pared, señor*
Las palabras terminadas en **vocal, n** y **s** llevan el acento tónico en la penúltima sílaba.	*vida, cantan, regalos*
Si no es así, llevan un acento escrito (o tilde) en la sílaba donde está el acento tónico.	*cantó, autobús, ángel*
Todas las palabras que llevan el acento tónico en la antepenúltima sílaba llevan tilde en esa sílaba.	*médico, música, América*

1b. Lee en voz alta.

a. Trabajé   d. Fácil   g. Miércoles   j. Cantó

b. Sábado   e. Ángel   h. Música   k. Página

c. Vivió   f. Adiós   i. Lápiz   l. Corazón

1c. Lee en voz alta.

Singular	Plural
almacén	almacenes
joven	jóvenes
volumen	volúmenes
crimen	crímenes
examen	exámenes
balón	balones
autobús	autobuses
margen	márgenes
estación	estaciones

1d. Lee en voz alta.

Presente	Pretérito Indefinido
baño	baño
canto	cantó
miro	miró
hablo	habló
levanto	levantó
explico	explicó
visito	visitó
trabajo	trabajó
termino	terminó

1e. Pon la tilde si es necesario en la sílaba tónica.

a. Sofa   e. Vivi   i. Atmosfera   m. Debajo

b. Perdi   f. Feliz   j. Cai   n. Hospital

c. Bebio   g. Martes   k. Arbol   ñ. Actor

d. Principe   h. Calor   l. Cafe   o. Azucar

1f. Lee el anuncio y pon tilde en las palabras que la necesiten.

En Centro Comercial tienes **un regalo para la vista**:

Ahora, en camara, television, video y DVD

*empiezas a pagar el **30 de junio*** *

PROMOCION VALIDA HASTA EL 20 DE ABRIL

*A partir de 180 €

B Comprensión y expresión

Hablar del pasado y relacionar hechos. Expresar dolor

1a. Observa.

CUBA

Avión + autobús + hotel (alojamiento y desayuno): 995 €.	7 DÍAS

Día 1 (domingo). Madrid. Salida en avión a las 07:55 hs. La Habana.
Alojamiento en el hotel *Habana Vieja*.
Día 2 (lunes). Visita a la ciudad de La Habana.
Día 3 (martes). Mañana en La Habana. Salida en autobús a las 15:00 hs. para Cienfuegos. Alojamiento en el hotel *Cuba*.
Día 4 (miércoles). Playas de Cienfuegos. Excursión opcional al Pico San Juan 1.135 m.
Día 5 (jueves). Salida en autobús a las 9:00 hs. para Camagüey. Alojamiento en el hotel *Cabo Cruz*.
Día 6 (viernes). Salida en autobús a las 8:30 hs. para Santiago de Cuba.
Alojamiento en el hotel *Sierra Maestra*. Visita a la ciudad.
Día 7 (sábado). Excursión a Guantánamo. Avión a Madrid a las 22:00 hs. desde el aeopuerto de Santiago.

1b. Imagina que hiciste el viaje a Cuba. Cuéntalo.

Primero visité La Habana, después fui a ....
....
....
....

Para relacionar hechos
Primero
Luego / después
A continuación
Al final / finalmente
Por último

2a. Observa.

Expresar dolor		
Para preguntar	Para expresar dolor	
¿Qué te/le pasa?	Me encuentro...	bien / mal, mejor / peor
¿Cómo te/se encuentra?	Tengo...	fiebre, tos, insomnio...
¿Qué te/le duele?	Me duele(n)...	la cabeza, las muelas
¿Te/Le duele?	Tengo dolor de...	cabeza, muelas...

2b. Ordena el diálogo.

☐ a. ¿Qué te duele?
☐ b. No
[1] c. ¡Qué dolor!
☐ d. La cabeza.
☐ e. Me encuentro mal.
☐ f. ¿Qué te pasa?
☐ g. ¿Tienes fiebre?

2c. Relaciona.

a. – ¿Cómo se encuentra?   1. – Sí, las muelas.
b. – ¿Qué le duele?   2. – Bien, gracias.
c. – ¿Qué le pasa?   3. – No, duermo bien.
d. – ¿Le duele algo?   4. – Tengo fiebre.
e. – ¿Tiene insomnio?   5. – La pierna.

Números del 100 al 10.000. Partes del cuerpo

1a. Observa.

Los números		
100 *cien*	101 *ciento uno*	110 *ciento diez*
111 *ciento once*	112 *ciento doce*	130 *ciento treinta*
200 *doscientos*	300 *trescientos*	400 *cuatrocientos*
500 *quinientos*	600 *seiscientos*	700 *setecientos*
800 *ochocientos*	900 *novecientos*	1.000 *mil*
1.042 *mil cuarenta y dos*		1.323 *mil trescientos veintitrés*
2.000 *dos mil*	5.000 *cinco mil*	10.000 *diez mil*

1b. Escribe los años con letras.

a. 1492 _Mil cuatroscientos noventa y dos_

b. 1852 ....

c. 1904 ....

d. 1975 ....

e. 1992 ....

f. 2003 ....

g. 2007 ....

1c. Observa el cuadro y responde a las preguntas escribiendo los números en letras.

La ⚫ Primitiva

COMBINACIÓN GANADORA 16/09/03

2	6	12	23	34	49
NÚMERO COMPLEMENTARIO: 18					
REPARTO DE PREMIOS					

CATEGORÍA	APUESTAS ACERTADAS	EUROS
1° (6 aciertos)	0	BOTE
2° (5 aciertos + C)	13	9.354
3° (5 aciertos)	414	2.088
4° (4 aciertos)	5.247	324
5° (3 aciertos)	9.830	8

1. ¿Cuáles son los números ganadores? ....

2. ¿Cuántas personas tienen 3 números acertados? ....

3. ¿Y cuántas tienen 4? ....

4. ¿Cuántos euros ganan las personas de 4 aciertos? ....

5. ¿Y las de 5 aciertos? ....

6. ¿Hay acertantes de 6 aciertos? ....

2a. Relaciona las palabras con las partes del cuerpo.

> cabeza, mano, nariz, pecho, pierna, cuello, estómago, pie, ojo, boca, brazo, oreja

A Cabeza

2b. ¿De qué parte del cuerpo se trata?

1. Une la cabeza y el tronco: _cuello_

2. Sigue al brazo: ....

3. Hay cinco en la mano y cinco en el pie: ...

4. Sirve para ver: ....

5. Sirve para oler y respirar: ....

6. Sirve para oír: ....

2c. Relaciona.

Sentido	Parte del cuerpo
a. Vista	1. Nariz
b. Oído	2. Dedo
c. Olor	3. Ojo
d. Gusto	4. Oreja
e. Tacto	5. Boca

1a. Observa y completa el cuadro.

Terminaciones del Pretérito Indefinido regular	
Verbos en -AR	*Verbos en -ER y en -IR*
-é	-í
-aste	-iste
-ó	-ió
-amos	-imos
-asteis	-isteis
-aron	-ieron

Hablar	Beber	Vivir
hablé	....	....
....	....	....
....	....	....
....	....	....
....	....	....
....	....	....

1b. Indica el pronombre sujeto de cada forma verbal.

a. Yo. dividí

b. ..... unimos

c. ..... cantaron

d. ..... corristeis

e. ..... aprendió

f. ..... dejó

g. ..... formaron

h. ..... subiste

i. ..... escribiste

j. ..... deseó

k. ..... abristeis

l. ..... llegó

1c. Completa con las terminaciones del Pretérito Indefinido.

a. *(Él)* vend.ió.

b. *(Ella)* comprend......

c. *(Nosotros)* escrib......

d. *(Yo)* pronunci......

e. *(Tú)* com......

f. *(Usted)* expres......

g. *(Ustedes)* telefone......

h. *(Vosotras)* pase......

i. *(Ellos)* llam......

2a. Pretérito Indefinido Irregular. Completa los cuadros.

Ser / Ir	Estar	Dar	Saber
fui	estuve	....	supe
....	....	diste	....
....	estuvo	dio	....
fuimos	....	....	supimos
....	....	....	....
....	....	....	....

Querer	Poder	Dormir	Morir
quise	pude	....	morí
quisiste	....	dormiste	....
....	....	....	murió
....	....	....	....
....	....	....	....
....	pudieron	durmieron	....

2b. Pon las frases en Pretérito Indefinido.

1. No puedo estar solo. No pude estar solo.

2. Quiero ir a casa.

3. Estoy de vacaciones en Cuba.

4. Voy a casa de mis padres.

5. Les doy todo mi amor a mis hijos.

6. Duermen mal todas las noches.

7. No sabes la lección.

8. Muere a los 84 años.

El verbo DOLER. Frases exclamativas

2c. Pretérito Indefinido irregular. Completa los cuadros.

Pedir	Reír	Repetir	Leer
....	....	repetí	leí
pediste	....	....	....
....	rió	....	leyó
....	reímos	....	....
....	....	....	....
pidieron	....	repitieron	....

Tener	Poner	Decir	Oír	Hacer
tuve	....	dije	oí	....
....	pusiste	....	....	....
....	puso	dijo	....	hizo
tuvimos	....	....	....	....
....	....	....	....	hiciste
....	....	....	oyeron	....

> Igual que **leer:** *caer* y verbos terminados en **-uir** *(construir, huir, concluir...).*
>
> Igual que **decir:** *traer* y verbos terminados en **-ucir** *(traducir, conducir, producir...).*
>
> Igual que **pedir:** *sentir, servir, seguir...*

2d. Forma preguntas como en el modelo.

1. Oír al profesor *(Usted).* — *¿Oyó al profesor?*
2. Pedir permiso para entrar *(Vosotros).* ....
3. Hacer el trabajo *(Tú).* ....
4. Traducir el texto *(Vosotras).* ....
5. Tener suerte *(Ellos).* ....
6. Traer el pan *(Tú).* ....

3a. Observa.

(No)	me te le	DUELE DOLIÓ	la cabeza la pierna el estómago
	nos os les	DUELEN DOLIERON	las muelas los oídos los pies

3b. Completa con el verbo DOLER.

1. ¿Ahora ya no te ..... *duele* ..... la cabeza?
2. Ayer me .... el estómago.
3. Siempre le .... la espalda.
4. Anoche en la discoteca me .... los oídos.
5. Me .... los pies.
6. De pequeño le .... la separación de sus padres.

4a. Observa.

Frases exclamativas	
¡Qué (+ adjetivo) + sustantivo!	¡Qué + sustantivo (+ verbo)!
¡Qué (mala) suerte!	¡Qué calor (tengo)!
¡Qué + adjetivo + (verbo)!	¡Qué + adverbio (+ verbo)!
¡Qué bonito (es)!	¡Qué bien (trabaja)!

4b. Construye una frase exclamativa.

1. Es una mujer delgada. *¡Qué delgada es!*
2. Está enfermo. ....
3. Estudia bien. ....
4. Tengo sueño. ....
5. Hace frío. ....
6. Una chica simpática. ....
7. Es una sorpresa. ....
8. Habla mal. ....

8 Proponer actividades

Pronunciación y ortografía	• Acentuación II: los diptongos.
Comprensión y expresión	• Hablar del tiempo y el clima. • Proponer actividades y hacer planes. • Expresar obligación.
Léxico	• El clima. • Actividades de tiempo libre.
Gramática	• Imperativo. • IR A + infinitivo. • TENER QUE + infinitivo. • Adverbios de cantidad.

1a. Observa.

A, E, O = vocales fuertes	I, U = vocales débiles	
Diptongo: dos vocales juntas en una sílaba.	Vocal fuerte + débil	*ai-re*
	vocal débil + vocal fuerte	*via-je*
	dos vocales débiles	*ciu-dad*
Hay diptongos con tilde.	*tam-bién*	*cons-truí*
Se rompe el diptongo en dos sílabas si la vocal débil tiene el acento. Se pone entonces tilde sobre ella.	*dí-a*	*frí-o*

1b. Separa las sílabas y subraya los diptongos.

a. Ciudad: ciu / dad

b. Reina: ....

c. Aéreo: ....

d. Ruido: ....

e. Demasiado: ....

f. Ahora: ....

g. Hacia: ....

h. Cuidado: ....

i. Miércoles: ....

j. Poeta: ....

k. Feo: ....

l. Después: ....

m. Bailar: ....

n. Puerta: ....

1c. Pon tilde en los diptongos que la necesiten.

a. Soñais

b. Luisa

c. Gutierrez

d. Vieja

e. Tiene

f. Inclui

g. Antiguo

h. Sabeis

i. Jueves

j. Pronunciacion

k. Abierto

l. Estais

1d. Lee en voz alta.

1º persona singular Presente Indicativo	3º persona singular Pretérito Indefinido
río	rió
lío	lió
guío	guió
continúo	continuó
acentúo	acentuó
fotografío	fotografió
sitúo	situó
actúo	actuó
fío	fió

1e. Lee y pon las tildes que faltan.

GRIPADOL

- **Indicaciones:** Esta indicado para resfriados, fiebre, dolor de cabeza y malestar general.

- **Dosificacion:** 2 capsulas cada seis horas. Maximo, ocho capsulas al dia.

- **Advertencia:** consulte con su medico si el dolor o la fiebre continuan.

B Comprensión y expresión

Hablar del tiempo. Proponer y hacer planes

1a. Observa.

¿Qué tiempo hace? / ¿Cómo está el tiempo?			
Hace...	**Hay...**	**Está...**	**Verbos**
Hace buen tiempo			
Hace mal tiempo	Hay nubes	Está nublado	
Hace sol	Hay niebla	Está cubierto	Llueve
Hace frío	Hay tormenta	Está soleado	Nieva
Hace calor	Hay viento		
Hace aire			

- Sol
- Niebla
- Lluvia
- Nublado
- Tormenta
- Nieve

1b. Observa el mapa y describe el tiempo que hace.

En el Norte, en Colombia hace...

....

....

....

....

....

....

....

2a. Observa.

Hacer planes	*VOY A* + infinitivo	*Voy a ir de vacaciones.*
	PIENSO + infinitivo	*Pienso salir por la noche.*
Expresar deseos	*QUIERO* + infinitivo	*Quiero volver a casa.*
Proponer	¿Por qué no... ?	*¿Por qué no salimos?*
	¿Y si... ?	*¿Y si vamos al cine?*
	¿Qué tal si... ?	*¿Qué tal si cenamos fuera?*
	¿Salimos...? / ¿Vamos...?	*¿Salimos / Vamos a la playa?*
Expresar obligación	*TENER QUE* + infinitivo	*Tienes que trabajar más.*
	Imperativo	*Siga todo recto.*

2b. Ordena el diálogo.

- [ ] - ¿Quieres ir al restaurante chino?
- [ ] - Vale. Me encanta el teatro.
- [ ] - Muy bien. ¿En qué restaurante?
- [ ] - ¿Al cine? ¿Por qué no al teatro?
- [ ] - No sé. ¿Vamos al cine?

- [ ] - ¿Y si antes del teatro vamos a cenar?
- [ ] - No me apetece. ¿Qué tal una paella?
- [ ] - Perfecto. ¿Y dónde podemos ir?
- [1] - Cariño, ¿salimos esta noche?
- [ ] - Buena idea. Vamos a *Casa de Valencia*.

El clima y actividades de tiempo libre

1. Encuentra la estación correspondiente.

a. Hace frío y toda la naturaleza duerme en...

b. Los campos florecen en...

c. Los árboles pierden sus hojas en...

d. Hace calor y es agradable pasar las vacaciones a orilla del mar en...

I N V I E R N O

_ _ I _ A _ E _ _

_ T _ Ñ _

_ _ R _ _ O

2. Relaciona el verbo con el sustantivo correspondiente.

a. Nublar   1. Hielo

b. Llover   2. Contaminación

c. Helar   3. Lluvia

d. Nevar   4. Nube

e. Contaminar   5. Nieve

3. ¿Qué palabra sobra en cada serie?

a. Nublado, cubierto, <u>soleado</u>, lluvioso.

b. Nieve, nevar, helar, calor.

c. Nube, niebla, sol, tormenta.

d. Sol, frío, calor, calentar.

4. ¿Cuál es la palabra contraria?

a. Frío   1. Invierno

b. Verano   2. Calor

c. Nublado   3. Noche

d. Día   4. Soleado

5a. ¿Qué representan estos símbolos?

senderismo   bici   ....

tren   ....   caza

5b. Búscalos en la sopa de letras.

C	A	N	**S**	A	N	A	E	F	M
A	L	B	**E**	R	G	U	E	O	O
M	E	I	**N**	J	U	T	H	T	N
P	T	C	**D**	N	N	O	C	O	U
I	O	I	**E**	E	I	B	O	G	M
N	H	P	**R**	R	O	U	C	R	E
G	A	T	**I**	O	L	S	S	A	N
U	A	C	**S**	E	P	X	Q	F	T
T	O	R	**M**	C	A	Z	A	I	O
A	V	I	**O**	N	A	C	T	A	S

5c. Clasifica las palabras en el cuadro.

Medios de transporte	Alojamiento	Actividades
tren bici	albergue	senderismo caza

Imperativo. IR A + infinitivo

1a. Imperativos regulares. Observa.

Imperativo		
Entrar	Leer	Abrir
entra	lee	abre
entre	lea	abra
entrad	leed	abrid
entren	lean	abran

Tú
Usted
Vosotros, as
Ustedes

1b. Completa el cuadro.

Entrar	Visitar	Contestar	Ayudar	Dar	Beber	Aprender	Responder	Vivir	Decidir
entra									

1c. Imperativos irregulares. Completa el cuadro.

Hacer	Poner	Decir	Tener	Salir	Ir	Venir
haz	pon	di	ten	sal	ve	ven
haga	....	diga	tenga	salga	vaya	venga
....	poned	....	....	....	id	....
....	pongan	digan	....	salgan	....	....

1d. Escriba el Imperativo para USTED.

1. Tener su dinero.   *Tenga su dinero.*
2. Decir su nombre.   ....
3. Salir del despacho. ....

4. Venir con su hijo.   ....
5. Ir por la derecha.   ....
6. Poner sus cosas aquí. ....

2a. Observa.

Ir a + infinitivo		
voy		entrar
vas		salir
va	a	estudiar
vamos		cenar
vais		...
van		

Mañana *voy a salir* de viaje.
Hay nubes. Mañana *va a* llover.

2b. Transforma el texto según el modelo.

Normalmente, se levanta muy temprano, toma el metro para ir a la oficina, llega a la hora exacta y se pone a trabajar. A las dos come en un restaurante, vuelve al trabajo hasta las seis y por fin regresa a casa.

Mañana, se va a levantar muy temprano

....
....

TENER QUE + infinitivo. Adverbios de cantidad

2c. Escribe la pregunta como en el modelo.

Voy a ir a casa de mi novia.　　　　　¿Dónde vas a ir?

a. Van a volver en tren. ....

b. Vamos a trabajar en el extranjero. ....

c. Voy a salir pronto. ....

d. Van a comprar leche y huevos. ....

e. Vamos a aprender español. ....

3a. Observa.

Tener que + infinitivo		
tengo		ir
tienes		parar
tiene	que	beber
tenemos		comprar
tenéis		...
tienen		

Vamos a salir, *tenemos que comprar.*

3b. Pon en orden las frases.

a. ayudarme / tienes que / el trabajo/ a hacer.

....

b. a las diez / Carmen / irse / que/ tiene.

....

c. terminar / antes de las seis / tiene / que.

....

4a. Observa.

Adverbio de cantidad	Ejemplo
nada	*Este libro no me gusta nada.*
poco	*Es poco inteligente.*
	Vive un poco lejos.
	Come poco.
bastante	*Son bastante viejos.*
	Está bastante bien.
	Habla bastante en clase.
muy	*Es muy listo.*
	Va muy deprisa.
mucho	*Tengo mucho frío.*
demasiado	*Fuma demasiado.*
	Es demasiado joven.
	No te veo demasiado mal.

4b. Marca la respuesta correcta.

a. Este atleta es .... rápido, siempre gana.

☐ mucho ☐ poco ☒ muy

b. Mis hijos comen ....

☐ nada ☐ poco ☐ muy

c. ¿Dónde están mis gafas? No veo ....

☐ nada ☐ poco ☐ muy

d. Es .... alto y la puerta está .... baja.

☐ mucho ☐ poco ☐ muy

e. Podemos ir andando, no está .... lejos.

☐ mucho ☐ poco ☐ demasiado

Los números

0 cero	10 diez	20 veinte	30 treinta
1 uno	11 once	21 veintiuno	31 treinta y uno
2 dos	12 doce	22 veintidós	32 treinta y dos
3 tres	13 trece	23 veintitrés	40 cuarenta
4 cuatro	14 catorce	24 veinticuatro	50 cincuenta
5 cinco	15 quince	25 veinticinco	60 sesenta
6 seis	16 dieciséis	26 veintiséis	70 setenta
7 siete	17 diecisiete	27 veintisiete	80 ochenta
8 ocho	18 dieciocho	28 veintiocho	90 noventa
9 nueve	19 diecinueve	29 veintinueve	100 cien

101 ciento uno	110 ciento diez	111 ciento once	112 ciento doce
200 doscientos	300 trescientos	400 cuatrocientos	500 quinientos
600 seiscientos	700 setecientos	800 ochocientos	900 novecientos
1.000 mil	10.000 diez mil	100.000 cien mil	1.000.000 un millón

Observaciones

– La conjunción y se pone entre las decenas y las unidades a partir de treinta: *treinta y cinco, cuarenta y siete, ochenta y nueve.*

– Uno se apocopa en Un delante de sustantivos masculinos: *cuarenta y un libros.*

– Se utiliza Una delante de sustantivos femeninos: *cuarenta y una personas.*

La entonación y los signos gráficos

– La frase afirmativa termina hacia abajo. *Son mis amigos.*↓

– La frase interrogativa termina hacia abajo con interrogativo inicial. *¿Cómo estás?*↓

– La frase interrogativa termina hacia arriba sin interrogativo inicial. *¿Vas al cine?*↑

– La frase exclamativa sube y baja muy deprisa. *¡Muy bien!* ↗↘

¿? Los signos de interrogación se ponen al principio y al final de las frases interrogativas: *¿Cómo estás?*

¡! Los signos de exclamación se ponen al principio y al final de las frases exclamativas. *¡Hola, Juan!*

El adjetivo de nacionalidad (gentilicios)

Masculinos	Femeninos	Ejemplo
Terminados en -o	Cambian -o por -a	*americano / americana*
Terminados en **consonante**	Añaden una -a	*español / española*
Terminados en -a, -e, -i	Son invariables	*belga / belga* *canadiense / canadiense* *marroquí / marroquí*

El nombre

El género

Género de personas y animales	
Masculinos	Femeninos
hombre	*mujer*
padre	*madre*
toro	*vaca*
Terminados en -o	Terminados en -a
camarero	*camarera*
gato	*gata*
Terminados en **consonante**	Añade una -a
director	*directora*
Profesiones terminadas en -ista y -ante	
artista	*cantante*

Género de las cosas
Generalmente son masculinos:

Generalmente son masculinos:

- Los nombres terminados en -o: *bollo, zapato.*
- Ciertos nombres terminados en -a: *día, mapa, planeta.*
- Los nombres terminados en -or: *color, amor.* Excepto: *flor, coliflor, labor.*
- Los nombres de origen griego terminados en -ma: *problema, idioma, programa.*

Generalmente son femeninos:

- Los nombres terminados en -a: *mantequilla, tostada, paella.*
- Ciertos nombres terminado en -o: *mano, moto.*
- Los nombres terminados en -tad, -dad, -tud, -ción: *libertad, verdad, juventud, información.*

El número

Número del nombre	
Singular	**Plural**
- Terminado en **vocal**	- Añade –s
café	*cafés*
- Terminado en **consonante**	- Añade –es
información	*informaciones*
jamón	*jamones*
Observaciones:	
Los nombres acabados en –z hacen el plural en –ces:	
pez – peces	
Muchos nombres acabados en –s no cambian:	
lunes – lunes	

Los artículos

El artículo determinado		
	Singular	Plural
Masculino	el	los
Femenino	la	las

Usos del artículo determinado

– Cuando hablamos de algo conocido: *La profesora es muy simpática.*

– Con señor / señora + apellido: *El señor Fernández.* Excepto cuando hablamos directamente con la persona: *Encantado, señor Fernández.*

– Con las horas y los días de la semana: *Los sábados abre a las diez.*

– Cuando hablamos de cosas únicas: *El sol. La luna. Los reyes de España.*

El artículo indeterminado		
	Singular	Plural
Masculino	un	unos
Femenino	una	unas

Usos del artículo indeterminado

– Cuando hablamos de algo por primera vez: *Quiero un café.*

– Hay + artículo indeterminado: *Hay una cafetería.*

Contracciones

$A + EL = AL$ Te presento ~~a el~~ director $DE + EL = DEL$ Es el Jefe ~~de el~~ Departamento
                              al   del

Los posesivos átonos

Una persona		Varias personas	
Una cosa	Varias cosas	Una cosa	Varias cosas
mi	mis	nuestro, a	nuestros, as
tu	tus	vuestro, a	vuestros, as
su	sus	su	sus

Observaciones

– Los posesivos átonos van delante del sustantivo: *Estoy en mi casa.*

Los demostrativos

Situación en el espacio	Masculino		Femenino		Neutro
	Singular	Plural	Singular	Plural	
Cerca del hablante	este	estos	esta	estas	esto
Ni cerca ni lejos	ese	esos	esa	esas	eso
Lejos del hablante	aquel	aquellos	aquella	aquellas	aquello

Observaciones

– Los demostrativos masculinos y femeninos pueden ir delante del sustantivo.

Me gusta este coche.   *No me gustan esas bicicletas.*

– También pueden referirse al sustantivo sin acompañarlo.

Me gusta este.   *No me gustan esas.*

– Los demostrativos neutros nunca van delante del sustantivo.

¿Qué es esto?   *¿Cómo se dice eso en español?*

Los pronombres personales I

Persona	Sujeto	Complemento con preposición	Reflexivos
1ª singular	yo	mí	me
2ª singular	tú	ti	te
3ª singular	él, ella usted	él, ella usted	se
1ª plural	nosotros, as	nosotros, as	nos
2ª plural	vosotros, as	vosotros, as	os
3ª plural	ellos, as ustedes	ellos, as ustedes	se

Observaciones

– El uso de los pronombres sujeto no es obligatorio en español. Se usan cuando queremos distinguir entre sujetos: *¿A qué os dedicáis?* *–Yo soy médico.* *– Y yo soy estudiante.*

– En algunos países de América Latina se usa **vos** en lugar de **tú**. Y **ustedes** en lugar de **vosotros**.

– Con la preposición **con** los pronombres complementos de las dos primeras personas son: **conmigo** y **contigo**.

– Con las preposiciones **entre**, **según**, **excepto**, **menos** y **salvo** se usan **yo** y **tú** en lugar de **mí** y **ti**.

El adverbio

Adverbios de lugar	Significado
aquí	en este lugar
ahí	es ese lugar
allí / allá	en aquel lugar
encima	en un lugar superior respecto a otro
debajo	en un lugar inferior respecto a otro
arriba	en un lugar superior
abajo	en un lugar inferior
delante	en un lugar anterior respecto a otro
detrás	en un lugar posterior respecto a otro

Adverbios de tiempo	Significado
antes	anterioridad
después / luego	posterioridad
siempre	en todo momento
nunca	en ningún momento
pronto	rápidamente
tarde	después del momento oportuno
ahora	en este momento
hoy	en el día actual
ayer	en el día anterior a hoy
anteayer	en el día anterior a ayer
mañana	en el día posterior a hoy
anoche	en la noche de ayer
anteanoche	en la noche de anteayer

Adverbios de cantidad	Expresión de cantidad	Posición	Ejemplo
nada	cantidad nula	no + verbo + nada	*Este libro no me gusta nada.*
poco	cantidad insuficiente	verbo + poco poco + adjetivo un poco + adverbio	*Come poco.* *Es poco inteligente.* *Vive un poco lejos.*
bastante	cantidad considerable	verbo + bastante bastante + adjetivo bastante + adverbio	*Habla bastante en clase.* *Son bastante viejos.* *Está bastante bien.*
muy	gran cantidad	muy + adjetivo muy + adverbio	*Es muy listo.* *Va muy deprisa.*
mucho		verbo + mucho	*Tengo mucho frío.*
demasiado	cantidad excesiva	verbo + demasiado demasiado + adjetivo demasiado + adverbio	*Fuma demasiado.* *Es demasiado joven.* *Te veo demasiado mal*

Los interrogativos

Para preguntar sobre:	Interrogativo	Ejemplo
– personas	¿quién? ¿quiénes?	*¿Quién eres?*
– cosas	¿qué?	*¿A qué se dedica?*
– personas y cosas de un grupo conocido	¿cuál? ¿cuáles?	*¿Cuál es tu dirección?*
– el lugar	¿dónde?	*¿De dónde eres?*
– el modo, la manera	¿cómo?	*¿Cómo se va?*
– el tiempo	¿cuándo?	*¿Cuándo empiezo?*
– la cantidad	¿cuánto, a, os, as?	*¿Cuánto vale?*

Las preposiciones

Preposición	Significado	Ejemplo
a	– destino. – hora.	*Voy a tu despacho ahora mismo.* *Entro a las 7 y salgo a las 3.*
con	– compañía.	*Vive con unos amigos.*
de	– origen en el espacio. – principio temporal.	*Es de Honduras.* *Trabajo de 8 a 3.*
en	– posición en un lugar. – medio de transporte. – fecha.	*Está en la nevera.* *Me gusta ir en avión, pero no en barco.* *Nací en 1964, en julio.*
para	– dirección. – objetivo, finalidad.	*Este tren no va para Madrid.* *Vengo para estudiar contigo.*
por	– recorrido. – medio. – causa.	*Pasea por el parque todos los días.* *Te mando el plano por correo electrónico.* *Murió por amor.*

Las frases exclamativas

– **¡Qué** (+ adjetivo) + sustantivo!   *¡Qué (mala) suerte!*

– **¡Qué** + sustantivo (+ verbo)!   *¡Qué calor (tengo)!*

– **¡Qué** + adjetivo (+ verbo)!   *¡Qué bonito (es)!*

– **¡Qué** + adverbio (+ verbo)!   *¡Qué bien (trabaja)!*

Hay – Está(n)

– HAY un(o), una, unos, unas (+ sustantivo): *Hay una mesa.*

– HAY un(o), dos, tres... (+ sustantivo): *Hay dos cuartos de baño.*

– HAY + sustantivo: *En mi habitación no hay terraza.*

– ESTÁ(N) el, la los, las + sustantivo: *A la derecha está la cocina.*

– ESTÁ(N) + preposición: *La mesa está a la derecha de la cama y las sillas están en el salón.*

Ser – Estar

Usos de ser

– Identificar a una persona o cosa: *Soy Cecilia.*

– Indicar nacionalidad / origen: *Soy de Quito.*

Usos de estar

– Expresar estado de ánimo o físico: *Estoy bien.*

– Indicar el lugar donde se encuentra una persona o cosa: *Está en España.*

Las perífrasis verbales

Perífrasis	Significado	Ejemplo
ESTAR + gerundio	Expresa acción en desarrollo.	*Ahora estoy comiendo.*
IR A + infinitivo	Expresa planes y futuro.	*Voy a salir de viaje.* *Hay nubes negras, va a llover.*
TENER QUE + infinitivo	Expresa obligación o necesidad personal.	*El semáforo está en rojo, tengo que parar.* *Vamos a salir, tenemos que comprar.*
QUERER + infinitivo	Expresa voluntad y proyectos. Sirve para hacer propuestas.	*Mañana queremos ir de excursión.* *¿Quieres salir el fin de semana?*

Verbos regulares

Primer grupo: –AR

Hablar	Presente de indicativo	Pretérito indefinido	Imperativo
Yo	hablo	hablé	-
Tú	hablas	hablaste	habla
Él, ella, usted	habla	habló	hable
Nosotros, as	hablamos	hablamos	-
Vosotros, as	habláis	hablasteis	hablad
Ellos, ellas, ustedes	hablan	hablaron	hablen

Segundo grupo: –ER

Beber	Presente de indicativo	Pretérito indefinido	Imperativo
Yo	bebo	bebí	-
Tú	bebes	bebiste	bebe
Él, ella, usted	bebe	bebió	beba
Nosotros, as	bebemos	bebimos	-
Vosotros, as	bebéis	bebisteis	bebed
Ellos, ellas, ustedes	beben	bebieron	beban

Tercer grupo: –IR

Vivir	Presente de indicativo	Pretérito indefinido	Imperativo
Yo	vivo	viví	–
Tú	vives	viviste	vive
Él, ella, usted	vive	vivió	viva
Nosotros, as	vivimos	vivimos	–
Vosotros, as	vivís	vivisteis	vivid
Ellos, ellas, ustedes	viven	vivieron	vivan

Verbos pronominales

Llamarse	Presente de indicativo	Pretérito indefinido	Imperativo
Yo	me llamo	me llamé	-
Tú	te llamas	te llamaste	llámate
Él, ella, usted	se llama	se llamó	llámese
Nosotros, as	nos llamamos	nos llamamos	-
Vosotros, as	os llamáis	os llamasteis	llamaos
Ellos, ellas, ustedes	se llaman	se llamaron	llámense

Verbos

Gustar		Presente de indicativo	Pretérito indefinido
A mí	me		
A tí	te	gusta	gustó
A él ...	se		
A nosotros, as	nos		
A vosotros, as	os	gustan	gustaron
A ellos, ellas,	les		
A ustedes			

Doler	Presente de indicativo	Pretérito indefinido
Me		
Te	duele	dolió
Se		
Nos		
Os	duelen	dolieron
Les		

Verbos irregulares

	Presente de indicativo	Pretérito indefinido	Imperativo
Adquirir	adquiero	adquirí	-
	adquieres	adquiriste	adquiere
	adquiere	adquirió	adquiera
	adquirimos	adquirimos	-
	adquirís	adquiristeis	adquirid
	adquieren	adquirieron	adquieran
Caer	caigo	caí	-
	caes	caíste	cae
	cae	cayó	caiga
	caemos	caímos	-
	caéis	caisteis	caed
	caen	cayeron	caigan
Concluir	concluyo	concluí	-
	concluyes	concluiste	concluye
	concluye	concluyó	concluya
	concluimos	concluímos	-
	concluís	concluisteis	concluid
	concluyen	concluyeron	concluyan
Conocer	conozco	conocí	-
	conoces	conociste	conoce
	conoce	conoció	conozca
	conocemos	conocimos	-
	conocéis	conocisteis	conoced
	conocen	conocieron	conozcan
Contar	cuento	conté	-
	cuentas	contaste	cuenta
	cuenta	contó	cuente
	contamos	contamos	-
	contáis	contasteis	contad
	cuentan	contaron	cuenten

	Presente de indicativo	Pretérito indefinido	Imperativo
Dar	doy	di	-
	das	diste	da
	da	dio	dé
	damos	dimos	-
	dais	disteis	dad
	dan	dieron	den
Decir	digo	dije	-
	dices	dijiste	di
	dice	dijo	diga
	decimos	dijimos	-
	decís	dijisteis	decid
	dicen	dijeron	digan
Dormir	duermo	dormí	-
	duermes	dormiste	duerme
	duerme	durmió	duerma
	dormimos	dormimos	-
	dormís	dormisteis	dormid
	duermen	durmieron	duerman
Entender	entiendo	entendí	-
	entiendes	entendiste	entiende
	entiende	entendió	entienda
	entendemos	entendimos	-
	entendéis	entendisteis	entended
	entienden	entendieron	entiendan
Estar	estoy	estuve	-
	estás	estuviste	está
	está	estuvo	esté
	estamos	estuvimos	-
	estáis	estuvisteis	estad
	están	estuvieron	estén
Haber	he	hube	-
	has	hubiste	he
	ha	hubo	haya
	hemos	hubimos	-
	habéis	hubisteis	habed
	han	hubieron	hayan
Hacer	hago	hice	-
	haces	hiciste	haz
	hace	hizo	haga
	hacemos	hicimos	-
	hacéis	hicisteis	haced
	hacen	hicieron	hagan

	Presente de indicativo	Pretérito indefinido	Imperativo
Ir	voy	fui	-
	vas	fuiste	ve
	va	fue	vaya
	vamos	fuimos	-
	vais	fuisteis	id
	van	fueron	vayan
Jugar	juego	jugué	-
	juegas	jugaste	juega
	juega	jugó	juegue
	jugamos	jugamos	-
	jugáis	jugasteis	jugad
	juegan	jugaron	jueguen
Leer	leo	leí	-
	lees	leíste	lee
	lee	leyó	lea
	leemos	leímos	-
	leéis	leísteis	leed
	leen	leyeron	lean
Nacer	nazco	nací	-
	naces	naciste	nace
	nace	nació	nazca
	nacemos	nacimos	-
	nacéis	nacisteis	naced
	nacen	nacieron	nazcan
Obedecer	obedezco	obedecí	-
	obedeces	obedeciste	obedece
	obedece	obedeció	obedezca
	obedecemos	obedecimos	-
	obedecéis	obedecisteis	obedeced
	obedecen	obedecieron	obedezcan
Oír	oigo	oí	-
	oyes	oíste	oye
	oye	oyó	oiga
	oímos	oímos	-
	oís	oísteis	oíd
	oyen	oyeron	oigan
Oler	huelo	olí	-
	hueles	oliste	huele
	huele	olió	huela
	olemos	olimos	-
	oléis	olisteis	oled
	huelen	olieron	huelan

	Presente de indicativo	Pretérito indefinido	Imperativo
Pedir	pido	pedí	-
	pides	pediste	pide
	pide	pidió	pida
	pedimos	pedimos	-
	pedís	pedisteis	pedid
	piden	pidieron	pidan
Pensar	pienso	pensé	-
	piensas	pensaste	piensa
	piensa	pensó	piense
	pensamos	pensamos	-
	pensáis	pensasteis	pensad
	piensan	pensaron	piensen
Poder	puedo	pude	-
	puedes	pudiste	puede
	puede	pudo	pueda
	podemos	pudimos	-
	podéis	pudisteis	poded
	pueden	pudieron	puedan
Poner	pongo	puse	-
	pones	pusiste	pon
	pone	puso	ponga
	ponemos	pusimos	-
	ponéis	pusisteis	poned
	ponen	pusieron	pongan
Querer	quiero	quise	-
	quieres	quisiste	quiere
	quiere	quiso	quiera
	queremos	quisimos	-
	queréis	quisisteis	quered
	quieren	quisieron	quieran
Reír	río	reí	-
	ríes	reíste	ríe
	ríe	rió	ría
	reímos	reímos	-
	reís	reísteis	reíd
	ríen	rieron	rían
Saber	sé	supe	-
	sabes	supiste	sabe
	sabe	supo	sepa
	sabemos	supimos	-
	sabéis	supisteis	sabed
	saben	supieron	sepan

	Presente de indicativo	Pretérito indefinido	Imperativo
Salir	salgo	salí	-
	sales	saliste	sal
	sale	salió	salga
	salimos	salimos	-
	salís	salisteis	salid
	salen	salieron	salgan
Sentir	siento	sentí	-
	sientes	sentiste	sientes
	siente	sintió	sienta
	sentimos	sentimos	-
	sentís	sentisteis	sentid
	sienten	sintieron	sientan
Ser	soy	fui	-
	eres	fuiste	sé
	es	fue	sea
	somos	fuimos	-
	sois	fuisteis	sed
	son	fueron	sean
Tener	tengo	tuve	-
	tienes	tuviste	ten
	tiene	tuvo	tenga
	tenemos	tuvimos	-
	tenéis	tuvisteis	tened
	tienen	tuvieron	tengan
Traducir	traduzco	traduje	-
	traduces	tradujiste	traduce
	traduce	tradujo	traduzca
	traducimos	tradujimos	-
	traducís	tradujisteis	traducid
	traducen	tradujeron	traduzcan
Traer	traigo	traje	-
	traes	trajiste	trae
	trae	trajo	traiga
	traemos	trajimos	-
	traéis	trajisteis	traed
	traen	trajeron	traigan
Valer	valgo	valí	-
	vales	valiste	vale
	vale	valió	valga
	valemos	valimos	-
	valéis	valisteis	valed
	valen	valieron	valgan
Venir	vengo	vine	-
	vienes	viniste	ven
	viene	vino	venga
	venimos	vinimos	-
	venís	vinisteis	venid
	vienen	vinieron	vengan